कुरुक्षेत्र की गूँज

संघर्ष , बलिदान और पात्रों की अनकही व्यथा

AF580430

रेणु प्रसाद

Made with ♥ on the Notion Press Platform
www.notionpress.com

भूमिका

महाभारत एक पौराणिक महाकाव्य है जिसकी रचना महर्षि वेद व्यास जी ने की थी | एक लाख 10 हजार श्लोकों और 18 पर्वों की यह काव्य गाथा हमारा धार्मिक, सांस्कृतिक ,ऐतिहासिक और दार्शनिक ग्रन्थ है| यह संस्कृत का एक महान ग्रन्थ है इसे एक लाख दस हजार श्लोकों के कारण शतसाहस्त्री संहिता भी कहा जाता है

इसकी कथाओं की गहराई में जाएंगे तो हम इसे वर्तमान परिप्रेक्ष्य में भी सटीक पाएंगे | वर्तमान समय में हमारे पारिवारिक रिश्तों, सामाजिक, धार्मिक और राजनीतिक परिस्थितियों पर भी इसकी प्रासंगिकता से हम इनकार नहीं कर सकते हैं | यह एक कालजयी रचना है |

कौरव और पांडवों के वैमनस्य से उपजी साजिशें और षड्यंत्र नीचता की पराकाष्ठा को पार कर जाती है तो महाभारत जैसे युद्ध की स्थिति बनती है और कुल का नाश हो जाता है |

दूसरे शब्दों में हम कह सकते हैं जब एक ही परिवार में भाई -भाई में दुश्मनी होती है तो नीचता की कोई हद नहीं होती | यही आचरण हमारे सर्वनाश का कारण बनता है |

कुरुक्षेत्र के मैदान में संहार का तांडव तो हुआ पर उसकी गूँज,उसकी प्रतिध्वनि सदियों तक अपनी छाप छोड़ने में कामयाब रही है |

हमें अपने इतिहास से सबक लेते हुए उन रास्तों पर चलना है जिस मार्ग से महाजन गुजरे हैं|

महाभारत ग्रन्थ की ये पंक्ति हमें सही दिशा निर्देश देती है -

'महाजनो येन गतः सह पन्था'

यानी जिस पथ पर महाजन चले हैं हमें उसी पर चलना है |

क्रम-सूची

प्रस्तावना

आत्मकथ्य

महाभारत की कथा तो हम बचपन से सुनते आए हैं |इसमें तो कथाओं के अन्दर भी कथा है | कथा सुनने में किसे रुचि नहीं होती | बचपन में दादी से अनेक कथाएँ पांडवोंऔर कौरवों की सुनी |

इसके पात्र हमेशा से मुझे लुभाते रहे हैं | बड़े होने पर मैंने खुद इस ग्रन्थ को पढ़ा तो पात्रों को अलग नजरिए से देखने लगी | मुझे ऐसा लगने लगा कि इतने सारे पात्र तो हैं लेकिन किसी को शांति नहीं| सब अपने ही दुःख में पिसे जा रहे हैं |

पितामह हैं तो बड़े सम्मानित लेकिन भीष्म प्रतिज्ञा कर ऐसे फंसे कि आँखों के सामने होते अन्याय के खिलाफ कुछ नहीं बोल पाते, विदुर की नीतियाँ भी दुर्योधन और शकुनि की चाल के समक्ष दम तोड़ देती हैं |

महाराज धृतराष्ट्र का तो कहना ही क्या पुत्र प्रेम के सामने सब जायज है | पत्नी गांधारी ने विवाह के समय ही आँखों पर पट्टी बाँध ली | अब एक तो वह अंधे उस पर गांधारी ने भी देखना छोड़ दिया| ऐसे में उनका भविष्य कैसा होगा ? महाभारत नहीं होगा तो क्या होगा ?

कुंती और द्रौपदी की अपनी विवशताएँ थीं | द्रौपदी के अहंकार ने तो सब छीन ही लिया था अगर वासुदेव बीच में न आते |

दुर्योधन शकुनि के दबाब में अपना अलग कानून चलाता है और शकुनि कुरु वंश की जड़ खोदने में लगा है | अधर्मियों के साथ रहकर कर्ण और अश्वत्थामा को भी अधर्म से अपने हाथ रंगने पड़ते हैं|

अभिमन्यु का वध भी अधर्म के साथ सात महारथियों ने बड़ी निष्ठुरता से किया | दुर्योधन और दुश्शासन का अनीतिपूर्ण युद्ध तो समझ में आता है पर कर्ण, द्रोणाचार्य, कृपाचार्य के द्वारा ऐसे युद्ध में उनका साथ देना वास्तव में लज्जाजनक है |

पांडव सब तरह से सक्षम होते हुए भी कौरवो के कुचक्र में फंस ही जाते हैं | कभी लाक्षागृह तो कभी वनवास और अज्ञातवास | कृष्ण भी समय समय पर राह दिखाते हैं और अनीति का जवाब देने के लिए कभी कभी अनीति का सहारा लेने के लिए भी उकसाते हैं और उसे न्यायसंगत भी बताते हैं |

इस पुस्तक में मैंने कुछ पात्रों की संवेदनाओं को अपने दृष्टिकोण से आपके समक्ष प्रस्तुत करने की कोशिश की है | उनके हृदय की वेदना को एक सामान्य इंसान की तरह समझने का प्रयास किया है |

आशा है आपको मेरा यह प्रयास अच्छा लगेगा |

भीष्म पितामह की पीड़ा

महाभारत जैसे वृहद् ग्रन्थ में भीष्म पितामह की भावनाओं में बहकर ली गयी प्रतिज्ञा कीजकड़न उन्हें अंत तक स्वतंत्र निर्णय नहीं लेने देती |यह अन्याय के समक्ष मूक दर्शक बने रहने की स्थिति उन्हें हमेशा पीड़ा पहुंचाती है| शर शय्या पर लेटे हुए भी उनका मन आहत है |

रात्रि का प्रथम पहर, नीरवता है छाई

रणभूमि में रजनी है अधिक गहराई

कभी सियार का रुदन सुनाई पड़ता

कभी विधवाओं के करुण विलाप |

जिस कुरु वंश की रक्षा हेतु

निःस्वार्थ स्वयं को झोंक दिया |

जिस हस्तिनापुर के रक्षार्थ

स्वहित तक को मिटा दिया |

उस वंश का संहार देखना

क्या उनका प्रारब्ध था ?

शर शूलों की चुभन से ज्यादा

आहत तो उनका मन था|

क्या इसी विनाश का साक्षी

बनने को इच्छा मृत्यु वर पाया ?

कहाँ हो गयी मुझसे चूक

जो देखना पड़ रहा सब मौन, मूक ।

तभी भीष्म के अंतर से आवाज आई

"तनिक, विनाश पर विचार कर भाई

कहीं तुम्हारी भीष्म प्रतिज्ञा ही

विनाश की जड़ तो न थी ?"

"न, न ! मेरी भीषण प्रतिज्ञा और विनाश !

वह तो सबके सुख और शांति के लिए थी ।

वह पावन भावों के साथ पावन संकल्प था

जिसमें उत्तरदायित्वों से पलायन न था ।

प्रतिज्ञा से ही बंधकर तो मैंने

कभी राजधर्म से मुख न मोड़ा था

राज्य की तरफ आने वाले प्रत्येक बाण
को पहले अपने सीने पर झेला था |"
"सत्य है पर उसकी आड़ में
काशी राज की पुत्रियों का हरण
अपने भ्राता के लिए क्या उचित था ?
क्या अम्बा के साथ इन्साफ हुआ ?"
" हाँ मैं मानता हूँ , अम्बा के साथ
जो हुआ वह कदापि उचित न था
उसकी क्रोधाग्नि बरसाती विवश दृष्टि
आज भी विकल कर देती है मुझे |"
"अम्बा के श्राप ने ही तो आज
तुम्हें शर शय्या पर लिटाया है |
गलत करोगे तो ग्लानि होगी ही
पछतावे की आग में जलोगे ही |
कहाँ तक तुम्हारी गलतियां बताऊँ,

नेत्रहीन धृतराष्ट्र से गांधारी का विवाह,
हस्तिनापुर के विनाश की कामना वाले
शकुनि को महल में रहने की अनुमति देना,
धृतराष्ट्र के अंधे पुत्रमोह पर ,
दुर्योधन की अनुचित हरकतों पर,
पांडवों पर अन्याय देख मौन रह जाना
क्या गलत निर्णय नहीं था ?"
"किन्तु मैं इसमें कदापि दोषी नहीं
मैं तो अपनी प्रतिज्ञा से बंधा था |
मैं राज सिंहासन के प्रति निष्ठापूर्वक
अपना कर्तव्य निभा रहा था |"
"तो क्या तुम्हारा भरी सभा में
अपनी पुत्रवधू द्रौपदी के चीरहरण
पर मूक दर्शक बने रहना
राजधर्म निभाना था ? धिक्कार है तुम्हें !"

भीष्म के मन में कर्मों का सही गलत ,
उचित अनुचित का विश्लेषण चल रहा था
अंतरात्मा के दर्पण मे अपनी ही प्रतिज्ञा का
एक नया रूप उनके समक्ष था |
अब मन राजधर्म के कर्तव्य से मुक्त था
वेदना और पश्चाताप से भरे भीष्म
प्रतीक्षा कर रहे थे अपनी मृत्यु की|
आँखों के कोरों से निकले आंसू
गवाही दे रहे थे उनकी वेदना की |

शापित अश्वत्थामा

महाभारत में द्रोण पुत्र अश्वत्थामा का नाम एक वीर योद्धा के रूप में लिया जाता है | लेकिन उसने अपने पिता की मौत का बदला जिस कायरतापूर्ण तरीके से लिया कृष्ण के श्राप का भागी बना| वह हजारों वर्षों से पृथ्वी पर अपने रोगग्रस्त शरीर का बोझ उठाये भटक रहा है |

जंगलों के गिरि गह्वर में सैंकड़ों सालों से

भटकता अमर शापित मैं अश्वत्थामा

तन और मन दोनों से ही दग्ध- गलित

तन में हजारों सड़े-गले घावों की चुभन

मन में पाप के प्रायश्चित की अगन

मस्तक है रक्त रंजित मणि विदीर्ण

अपने कर्मों से ही हुआ अधम

श्राप ने किए सारे पुण्य हनन

कब तक करना पड़ेगा श्राप वहन ?

कब तक बुझेगी पछतावे की अगन ?

कोई न सुनता मेरा अरण्य रुदन

काल भी न करता मेरा कष्ट हरण

धरती भी अब न देती शरण

शूल से चुभते हैं कर्म कर स्मरण

किसी के जीवन का न हो ऐसा क्षरण

मस्तक के मणि सा उदात्त था मेरा जीवन

अधर्म का मार्ग कभी नहीं किया वरण

धर्म के मार्ग का सदा किया चयन

दुर्योधन की अनीति का न किया समर्थन

चीरहरण के समय भी हृदय कर उठा था रुदन

कुरुक्षेत्र में धधक रहा था युद्ध

चमक रही थी अस्त्रों की कमान

तभी अपने पिता की मृत्यु का घोषण

युधिष्ठिर के मुख से सुन

विश्वास न कर सके मेरे श्रवण।

दुःख से कातर मैं भागा आया

पाया छल से उनका वध किया
उनके द्वेषरागी द्रुपदपुत्र धृष्टद्युम्न ने
क्रोध और प्रतिशोध से मैं जल उठा
उसके व पांडवों के नाश का प्रण कर बैठा।
रात्रि के साए में छुप कर आया
धृष्टद्युम्न और पांडव-पुत्रों का रक्त बहाया
ब्रह्मास्त्र से उत्तरा का गर्भ गिराया
सोचा जीत ली मैंने बाजी
पर जीवन ने अमरता की सजा साजी
मणि छिनी मिला श्राप अनंत
भटकता रहा पाप से त्रस्त
प्रतिशोध ने किया जीवन अस्त
पर नहीं कर सकता इसका अंत
अमरता ही सजा बन गयी है।
पितृ धर्म,गुरु धर्म सारा धर्म

खोया क्रोध के आवेश में

नहीं मिला एक भी शांति का पल

जीवन में कुछ बचा नहीं शेष

बना अब मैं इतिहास की व्यथा|

इतने वर्षों भटकने और

आत्म चिंतन कर समझा

कृष्ण के इस श्राप का अर्थ

कलियुग वासियों के लिए एक सन्देश था

अधर्मियों और भ्रूण हत्या करनेवालों की

मेरी जैसी ही असहनीय गति होगी |

हे कृष्ण कृपा करो

अब तो असहनीय कष्ट से मुक्ति दो

अब न तन के घावों की टीस सही जाती है

न पश्चाताप की अग्नि का ताप सहा जाता है

दया करो दया करो |

विवश कुंती

महाभारत के नारी चरित्रों में पांडवों की माता कुंती का जीवन त्रासदियों और बलिदानों से भरा है| धर्म- अधर्म के खेल में उसने बहुत कुछ सहा है, भोगा है | कुछ परिस्थितियाँ , कुछ उसकी भूल उसकी पीड़ा को बढाती हैं पर वह अपनी इस दशा की स्वयं जिम्मेवार है | इसलिए विवश है और मानसिक उलझनों और पीड़ा से घिरी रहती है |

इतिहास में मैं धैर्य, त्याग की मूरत

कोई न समझे मेरे अंतर्मन की व्यथा

मैं पृथा, मैं कुंती , पांडवों की माता

किससे कहूँ अपने दुःख की गाथा

राजा पृथुसेन की दुहिता

राजा कुन्तिभोज की पालिता

दो वंशों की गौरव और शान

पर अपने भाग्य से अनजान |

ऋषि दुर्वासा के आशीर्वाद से जिसे पाया

लोक लाज से उसे गंगा में बहाया

सबसे उसकी पहचान को छुपाया

पछ्तावे की आग में ह्रदय को जलाया |

पति पांडु के श्राप ने छला

राजमहल का सुख कभी न मिला

वन में संन्यास , पुत्रों का भार

पर कर्तव्य निभाया निस्संकोच, निस्स्वार्थ |

महाराज धृतराष्ट्र के राजमहल में

हमेशा महारानी गांधारी की छाया में रही |

अवहेलना- तिरस्कार सब सहना पड़ा

पर कभी अपनी पीड़ा न कही |

अपने पुत्रों को धर्म का मार्ग सिखाया

अधर्म ने उन्हें ही अपना शिकार बनाया

द्रौपदी का चीरहरण भी देखा

नारी- अस्मिता को कांपते भी देखा |

मेरे पुत्र सदा संघर्षों में ही जिए

कभी लाक्षागृह तो कभी अज्ञातवास

अनजाने में मेरी एक भूल ने

द्रौपदी को बंटने पर विवश किया

जितना दुःख और पछतावा कर्ण के लिए था

द्रौपदी के लिए उससे कुछ कम न था

एक भूल हुई अज्ञानता में

दूसरी हुई अनजाने में।

भाग्य ने क्या खेल रचा ?

कर्ण और अर्जुन की रण- हुँकार

बीच में खड़ा था सारा संसार

माँ का दिल रोया था सहस्रों बार।

युद्ध में पांडव जीत गए

पर मैं तो हार गयी

युद्ध ने सब छीन लिया

पुत्र, परिवार और मान।

सत्ता के खेल में फंसी

हर रिश्ते की डोरी उलझ रही

धर्म और ममता के अंतर्कलह में

सब कुछ जान जलती रही।

अब मेरे धैर्य का बाँध टूटने लगा है

पछतावे का बोझ कितना ढोना है

इसलिए वनवास को चुना है

सबसे दूर शान्ति में जीवन का अर्थ बुना है।

धृतराष्ट्र और उसका सच

अपने अंधेपन के कारण धृतराष्ट्र को जिन विसंगतियों का सामना करना पडा उन्होंने उनके मन को कुंठित कर रखा था | सत्ता -मोह और पुत्र - प्रेम ने उनकी विवेक शक्ति को क्षीण कर दिया था | महाभारत इसी का परिणाम था | सब कुछ हारने के बाद उन्हें ज्ञान हुआ कि उनसे कहाँ गलती हो गयी | पर अब पछताए होत क्या जब चिड़िया चुग गयी खेत .....

एक दिन के लिए दिव्य दृष्टि

क्या यही विनाश देखने के लिए मिली थी ?

सर्वत्र बिखरे शव और स्वजनों के करुण विलाप

हृदय फटा जा रहा है और

मन चेतना शून्य हुआ जा रहा है |

विदुर ने कितना समझाया था

पुत्र- मोह के मलबे से निकलो ,

राजा की तरह आचरण करो

अन्यथा रोना पड़ेगा क्योंकि

जैसा बोओगे वैसी ही काटोगे

मेरे कुल का विनाश हो गया
क्या मेरे पुत्र मोह के कारण ?
क्या एक पिता पुत्र के लिए
सोचे भी न, स्वप्न भी न देखे ?
किस पुस्तक में लिखा है न देखे ?
मैं आँखों से अंधा हूँ ,मन से नहीं ।
इस अंधेपन का अहसास तो तब हुआ
जब गांधारी ने आँखों पर पट्टी बाँध ली ,
जब ज्येष्ठ होने पर भी राजा बनने का
अधिकार छीन पांडु को दे दिया गया।
जो मुझे न मिला वह पुत्र के लिए चाहा
एक ही तो था सपना सुत को राज मिले ।
शकुनि ने हमेशा मेरे सपने को
सही ठहराने की कोशिश की ।
लगता मेरे मन को वही समझता था

शकुनि को महल में रख क्या गलती की
पुत्र मोह में उसकी साजिशों को
न पहचान उन्हें फलीभूत होने दी।
पुत्र- मोह ने ऐसा वश में कर रखा था
पुत्रवधू द्रौपदी के चीरहरण पर भी मौन रहा।
मेरे समक्ष तो सिर्फ था दुर्योधन का स्वार्थ
उसके सामने पड़ जाता था मैं कमजोर
आज लगता है गलत तो हुआ था और
गलती की सजा तो भुगतनी ही पड़ेगी।
लेकिन हमेशा से मैं ऐसा नहीं था
मेरा मन भी रोता था
जिस दिन नादानी में दुर्योधन ने विष देकर
पानी में फेंक दिया था भीम को
कितना धिक्कारा था अपनी संतान को।
दुर्योधन की गलतियों को समझता था

पर नजर अंदाज कर देता था

मन उसे गलत ठहराता पर

पुत्रमोह के सामने वह हार जाता |

पितामह, गुरु द्रोण कितना समझाया सबने

पुत्र मोह में किसी का कहना नहीं माना मैंने |

उचित अनुचित का भेद न जाना मैंने

दूत बन मार्ग सुझाया कृष्ण ने

पांच ग्राम की ही तो बात थी पर

सत्य को झुठलाया मैंने |

कुरुक्षेत्र की गूँज अब भी है कानों में

शस्त्रों की टंकार और रुदन गानों में

हर शव पर चीख , हर माँ का क्रंदन

सुनकर भर आए हैं दोनों नयन |

मेरा पुत्र मोह, मेरा अभिमान, मेरी सत्ता

सब बन गए पतन और युद्ध के कारण |

मैं हार गया, अपनों को खो बैठा

सारी धरती को अपनों के रक्त से भिंगो बैठा।

कुंठा और पुत्रमोह में न्याय दबाया

दुर्योधन के द्‌वेष का संगी बन

कुरुक्षेत्र का पथ सजाया।

धिक्कार है मुझे! मैंने ही यह दोष रचाया

विदुर ने ठीक ही कहा था

कुंठाएं कभी नहीं होती फलित

सदा स्वयं को पहुंचाती हैं हानि

दूजे का अधिकार छीनने वाले को

कभी नहीं मिलती है शांति।

यह जीवन का कैसा अभिनय है

अन्धकार में छिपा हर सत्य है

किसे दोष दूँ ?

किसे अपनाऊँ ?

मेरा दोष है,

मैं ही पश्चाताप की अग्नि में जलूँगा।

आत्ममंथन

महाभारत के युद्ध में सर्वनाश के बाद राजमाता गांधारी शोकाकुल अपने जीवन का आकलन कर रही हैं कि इस सर्वनाश का मूल कारण क्या था ?क्या उसकी कोई चूक तो नहीं इसके मूल में हैं ?

राजप्रासाद की ऊंचाइयों में घिरा एक सन्नाटा

दीवारों पर गूँजती एक स्त्री की व्यथा

पट्टी में थीं कैद आँखें, पर दिल खुला था

हर कोने में उसका टूटा सपना बिखरा पड़ा था |

हाँ, महल के कक्ष में दग्ध ह्रदय

मैं नितांत अकेली, अभागन गांधारी

विचारूं ,कहाँ हो गयी मुझसे चूक भारी

जहां धर्म और अधर्म की है लाचारी |

पितृगृह की राजदुलारी ,रूपगर्विता

पिता के निर्णय समक्ष हो नत

नेत्र बंद कर संकल्प किया

पति के संग अंधकार को जिया।

आँखों की पट्टी ने सब दिखा दिया

धर्म का भार, पर अधर्म का साया

सोचा था धर्म का साथ दूँ

पर अधर्म का बोझ सहा मैंने

सौ पुत्रों की माँ का सपना

सौ जीवन दिए सौ दीप जलाए

पर हवा ने सब बुझा दिए

युद्ध ने एक- एक कर छीन लिए

क्या दुर्योधन के दोषों पर मोह में

मौन रह उसे दिया था मैंने बढ़ावा ?

क्या उसकी जिद पड़ी थी ममता पर भारी?

क्या पैरों पर स्वयं मैंने मारी थी कुल्हाड़ी?

द्रौपदी के आँसुओं की पुकार पर

छलनी होते हुए भी कुछ न कर सकी।

उसके चीरहरण का अपराध जघन्य था |

पर उस पर मेरा मौन दुःख और पछतावा

क्या किसी अपराध से कम था ?

जब रणभूमि से रक्त की गंध आई

मेरे सौ पुत्रों ने जान गंवाई

पुत्रशोक के दुःख की ज्वाला में

कृष्ण को श्राप तक दे डाला |

यह श्राप नहीं एक माँ की पुकार थी

वह दर्द नहीं हर रिश्ते की हार थी

मैं ने आँखों पर पट्टी बाँध

तप और त्याग का जीवन चुना था

पर हर कदम पर स्वयं को ठगती रही मैं

क्या मेरा वह निर्णय सही था ?

क्या वह पूरी तरह व्यावहारिक था ?

मैं पत्नी ,माता और रानी का धर्म

कोई तो सही रूप में निभा नहीं पाई।
आँखों पर पट्टी न बंधी रहती तो
बच्चों की गलतियां देखती, सुधारती।
माँ के कर्तव्य तो पूरा कर पाती।
आँखों पर पट्टी ने तो पति के बराबर रखा
पर समाज और परिवार के दायित्व से दूर रही
पट्टी ने सोचने का दायरा ही सीमित कर दिया
मैं तो निर्णय भी नहीं ले पाती थी
अब लगता है कि मेरा वह निर्णय ही
कुरु वंश का काल बना।
नेत्रहीन पति की मैं आँखें बनती
पर मैंने अपनी आँखें बंदकर
उनका मार्ग भी अवरुद्ध कर दिया।
ऐसा नहीं था कि मैंने अन्याय का विरोध नहीं किया
पर आँखें रहने पर वह ज्यादा असर दिखाता

और शायद यह विनाश टल जाता।

अब तो सारी जिंदगी इसी

पछतावे की आग में जलना होगा

आत्मग्लानि ने जीवन भर का दंश दिया है

सहना ही होगा, तिल तिल कर मरना होगा।

द्रौपदी की अंतर्वेदना

राजा द्रुपद की पुत्री ,पांडवों की पत्नी और कुरुवंश की कुलवधू द्रौपदी की मर्यादा का हस्तिनापुर के दरबार में जिस प्रकार हनन करने की कोशिश की गयी वह अनंत काल तक नारी अस्मिता पर एक प्रश्नचिह्न है |

द्रौपदी ...पांचाली ..कृष्णा ..याज्ञसैनी

क्या परिचय दूँ मैं अपना

कौन हूँ मैं ?

राजा द्रुपद की राजदुलारी ,

पराक्रमी धृष्टद्‌युम्न की भगिनी,

कुरुवंश की कुलवधू ,

वीर पांडवों की पत्नी या

कृष्ण की सखी |

कौन हूँ मैं ?

इतने पराक्रमियों के बीच भी क्या

मेरा मान मर्दन होने से बच सका ?

माता कुंती ने अनजाने ही मुझे

पाँचों भाइयों में बाँट दिया।

मुझे तो अर्जुन ने जीता था

पर भार्या बनी पाँचों भाइयों की

कितना आहत हुआ था मेरा स्वाभिमान

क्या मैं कोई खिलौना या कोई वस्तु थी ?

ऐसे वीर पति जिन्होंने द्यूत में

मुझे दांव पर लगा दिया।

क्या इतिहास में कभी ऐसा हुआ है ?

अरे किसने अधिकार दिया उन्हें

पत्नी को दांव पर लगाने का ?

पत्नी कोई क्रीत दासी नहीं ,

वह कोई वस्तु नहीं

कि जुए में उसे हार जाए।

क्या कहूँ मैं स्वयं को

कुरुकुल की कुल वधू ...

बहुत देख लिया यहाँ

कुलवधू की मर्यादा

बहुत पा लिया सम्मान !

जब दुर्योधन के आदेश पर दुश्शासन

मुझे, कुरुवंश की मर्यादा को

बालों से घसीटता हुआ

भरे दरबार में ले कर आया

मैं करती रही पर चीत्कार

कहाँ उसे कुछ सुनाई पड़ता

उसे था सत्ता का अहंकार

मेरे शब्द उसके कान से टकरा

शीशे की तरह चटक गए ।

आज भी याद है मैंने पितामह से

त्राहिमाम का किया था चीत्कार

'रोक लीजिये, पितामह अपने कुल

की मर्यादा को होने से तार-तार'

पीड़ा और विवशता के आंसू लिए

पितामह ने मौन नेत्र झुका लिए

गुरु द्रोण ,महाराज धृतराष्ट्र, विदुर

किसी ने भी नहीं सुना मेरा आर्तनाद

राजसिंहासन ने सबको रखा था बाँध

सभा में सभी को मौन देखकर

मेरे आँसू बन चुके थे अंगार

उन स्त्रियों में मैं नहीं थी

अपना अपमान जो मौन सह लें|

निर्वस्त्र करने मुझे चले थे

मेरे प्रश्नों की तीक्ष्णता से

मेरे पतियों सहित पूरी सभा

निर्वस्त्र हो चुकी थी,

मुखौटे उतर चुके थे
जब भी वे अपने कृत्य याद करेंगे
पछताएँगे ,खून के आंसू रोयेंगे ।
विश्वास था आर्यपुत्र भीम पर
प्रतिशोध लेंगे इस अपमान का
दुश्शासन को मारकर उन्होंने ही
मान रखा मेरे प्रण का
दुर्योधन की जंघा तोड़ ।
कुरुवंश की कुलवधू ही नहीं
समस्त नारी जाति के
अपमान का उत्तर दिया मुंहतोड़ ।
अज्ञातवास में भी कीचक से रक्षा
करनेवाले थे पराक्रमी भीम ।
एक टीस मन को सालती रही सदा
तेजस्वी कर्ण की हमेशा की उपेक्षा

स्वयंवर में सूतपुत्र कह उसे नकारा
ज्ञात था वह एक धनुर्धर है अजेय
पर दुर्योधन का सबसे बड़ा सहारा |
यज्ञ से जन्मी हूँ ,अग्नि की परछाईं हूँ
जिस वेदना की टीस को सहा मैंने
भरे दरबार में जिस अपमान को झेला मैंने
उन कौरवों के समस्त पापों का दंड हूँ मैं
उनकी मृत्यु बनकर आई हूँ |
हर युग में गूंजेगा मेरा इतिहास
नाश होगा उनका जो करेंगे
नारी अस्मिता का उपहास
अपमान सहकर भी हर नारी
बनेगी शक्ति की आवाज |

शकुनि का प्रतिशोध

महाभारत में गांधार का युवराज शकुनि एक ऐसा पात्र है जिसके छल और कपट ने न केवल कौरवों का नाश किया साथ ही इस छल और कपट ने उसके जीवन को भी जहरीला बना दिया |उसकी कूटनीतिक चालों से उसे जीवन में सच्चा सुख नहीं मिल पाया | उसका जीवन एक कांटे के वृक्ष जैसा था जिसमें सुख की छाया की कामना करना असंभव था |

शकुनि की हर चाल के पीछे की उसकी पीड़ा को कोई न जान पाया | अपने परिवार के अपमान के प्रतिशोध में जल रहा था इसलिए वह दुर्योधन को गलत मार्ग दिखा रहा था | उसके अन्दर पल रहे प्रतिशोध, दुःख और मोह ने महाभारत युद्ध की नींव रखी |कहते हैं उसे हस्तिनापुर पैर तोड़कर भेजा गया ताकि उसे प्रतिशोध लेना हमेशा याद रहे |

महाभारत युद्ध में हुए विनाश को देखकर उसका ह्रदय पछतावे से भर गया था | बहन गांधारी ने भी अपने पुत्रों की मौत का जिम्मेवार उसी को ठहराया था और दुःख व क्रोध के आवेग में उसे श्राप दे डाला कि जिस प्रकार उसके कारण उसके सौ पुत्रों की मौत हुई और कुरुवंश का विनाश हो गया उसी प्रकार गांधार राज्य में भी कभी शांति नहीं रहेगी, हमेशा कलह - क्लेश का वातावरण बना रहेगा | गांधार अभी अफगानिस्तान में है | कहते है गांधारी के श्राप के कारण अभी भी अफगानिस्तान अशांति झेल रहा है |

उसकी मृत्यु महाभारत के 18वें दिन सहदेव के हाथों हुई थी।

मैं शकुनि गांधार कुमार

समझ न पाऊँ कि युद्ध में

मैं विजयी या फिर मिली हार

आया नाश का संकल्प लिए

आज कौरवों के नाश पर

क्यों आनंदित नहीं है मेरा हिय

सबने जाना मुझे खलनायक

चौसर का खिलाडी और चालबाज

किसी ने न देखी पीड़ा अपार

हृदय में है तपता ज्वाल

पिता की कराह ,परिवार का मरण

बदले में मिला अपमानित जीवन।

मेरे हर पासे में बदले की पुकार थी

मेरी हर चाल में पीड़ा की चुभन थी

मैं यूं ही नहीं बन गया था छल कपट का मीत

अपने प्रति अन्याय के विरुद्ध लिख रहा था गीत

दुर्योधन को आँखों का तारा बनाया

सारी चालों को उसी से चलवाया |

चालों का जाल बुना था मैंने

फरेब की चाल चली मैंने

महल तोड़ दिया, सम्बन्ध जलाए

धर्म की भूमि पर अधर्म सजाए

अपनी चालाकी पर अभिमान किया मैंने

पर अपनों का ही सर्वनाश किया मैंने|

जिस सर्वनाश की कामना थी

उसे देख दिल दहल उठा है

आज बहन गांधारी के श्राप से

डर के मारे आत्मा कांप उठी है|

अब नहीं रह गयी है जीने की इच्छा

ईश्वर, अब और कितनी लोगे परीक्षा ।

कहते है जैसा बोओगे वैसा ही काटोगे

इतिहास हमेशा मुझे मानेगा षड्यंत्रकारी

मेरी पीड़ा पर मेरे कपट पड़ेंगे भारी

क्या मैं सच में था धूर्त, कपट, क्रूर

दुःख और अपमान की अदृश्य जंजीर

मुझे खींच लाई थी विनाश के तीर ।

दुर्योधन को बना अपना औजार

विनाश का रच डाला सारा संसार

आज जीवन में सब कुछ हार गया

अपने कर्मों का हिसाब बराबर हो गया

अब अपनों के बिना अकेला पड़ गया हूँ

अन्दर- अन्दर मेरा दिल भी रो रहा है ।

लगता है रणभूमि में बिखरे शव

मुझसे चीख- चीख कर कह रहे हैं

हर एक की मौत का जिम्मेवार

यह कपटी षड्यंत्रकारी शकुनि है |

उन हजारों चीखों की धुंध

मेरी आत्मा पर गहरा रही है

त्राहिमाम - त्राहिमाम पुकार रही है |

दुर्योधन की पुकार

महाभारत के पात्र दुर्योधन को एक खलनायक के रूप में जाना जाता है | दुर्योधन एक पराक्रमी योद्धा था जो अपने अधिकारों के प्रति सजग और संघर्षशील था | धर्म- अधर्म को देखने का उसका अपना एक अलग दृष्टिकोण था | जो उसके अधिकार के खिलाफ था वह उसके लिए अधर्म था |अपने अधिकार को धर्मसंगत मानता था और अपने कृत्य को न्यायसंगत ठहराने की कोशिश करता | वह मित्रता में निष्ठा रखनेवाला, स्वाभिमानी लेकिन हठधर्मी था | पांडवों से ईर्ष्या और क्रोध के कारण अनेक बार उसने गलत निर्णय लिए जो महाभारत युद्ध होने के कारणों में से एक था |

एक ओर जहां समाज के तानों को सहकर भी उसने कर्ण के साथ अपनी मित्रता निभाकर महान कार्य किया वहीं दूसरी और पांडवों के साथ ईर्ष्या के कारण द्रौपदी को अपमानित कर अपनी छवि को कलंकित करने से बाज न आया |

हम कह सकते हैं कि दुर्योधन का चरित्र बड़ा ही त्रासदीपूर्ण है जो अपने गुण दोषों के कारण नायक और खलनायक दोनों की भूमिका निभाता जान पड़ता है |

इतिहास के पृष्ठों में मैं खलनायक

क्यों अंकित कर दिया गया ?

मुझे, मेरी पीड़ा को समझे बिना

क्यों अधर्मी करार कर दिया गया ?

क्या मेरा सत्य को अपनी दृष्टि से

देखने का तरीका गलत था ?

सिंहासन का मैं अधिकारी था

पिता के अतिरिक्त सब ने ठुकरा दिया

धर्म अधर्म के नियमों के जाल में

कहीं वह तिरस्क्रत हो कर रह गया

पांडव अगर पुरुषार्थी थे तो क्या

मैं भी पराक्रमी ,युद्ध में अद्वितीय था |

मैंने कर्ण को अपनाकर

दी मित्रता की मिसाल

पर पांडवों पर अत्याचार कर

अपनी ही मानवता पर किए सवाल

उन्हें लाक्षागृह और छल से द्यूत में

द्रौपदी को हारने पर विवश किया |

द्रौपदी की हंसी मुझे शूल सी चुभ गयी थी

अंधे का बेटा तो मैं था ही पर मैं अंधा न था

प्रतिशोध तो भरे दरबार में

उसे अपमानित कर ले लिया

पर उस क्षुद्रता की आग में

मेरे चरित्र का हनन हो गया

मैंने केवल अधिकार माँगा था

वह भी न्यायसंगत

पांडवों से बैर नहीं था मुझे

मेरी तो बस राजसिंहासन

की एकमात्र आखिरी चाह थी

वह भी फलीभूत नहीं होने दिया गया।

मामा शकुनि ने मेरी महत्त्वकांक्षा

की चिंगारी को बहुत दी हवा

चालें चलना उन्हीं से सीखा

पर कृष्ण आप का सत्य कहाँ गया ?

अधर्म को धर्म बताकर चाल चल दी

मुझे अशक्त बना भीम से जंघा तुड़वा दी ।

किस पर भरोसा करूँ ?

पितामह या काका विदुर पर

या अंधे पिता धृतराष्ट्र पर

सब धर्म के नियमों से बंधे

मेरी वेदना पर मौन

क्या मेरी वेदना को कभी

सत्य के तराजू पर तौला जाएगा ?

मैं अगर पाप का भागी हूँ

तो मेरे अपने भी कम भागी नहीं

पाप का भागी सिर्फ नहीं है व्याध

समय बताएगा उनके भी अपराध

जिन्होंने तटस्थ मौन रहकर

दिया मेरे कृत्य में साथ ।

आहत कर्ण

महाभारत में कर्ण एक ऐसा पात्र है जिसमें सूर्य का तेज था ,जो सोने के कवच कुंडल से युक्त था पर भाग्य ने ऐसा खेल खेला कि समाज में वह जितने सम्मान का अधिकारी था उसे उतना नहीं मिल पाया | मित्रता की आड़ में दुर्योधन ने उसे विजय पाने का मोहरा बना रखा था | सही - गलत सब में साथ देने के लिए वह प्रतिबद्ध था |देवराज इंद्र ने ब्राह्मण का रूप धरकर उसके कवच और कुंडल को उससे ले लिया और माता कुंती ने ममता का मूल्य मांग कर उसके प्राण ही मांग लिए | अंत भी उसका युद्ध में अनीतिपूर्वक हुआ वह भी कृष्ण कीशह पर |

कुछ भी कह लें उसके देदीप्यमान और महान व्यक्तित्व से इनकार नहीं किया जा सकता हैं |

किससे बाँटू मैं अपना दुःख

किससे कहूँ मैं अपनी पीड़ा

विरासत में पाया सूर्य का तेज

पर भाग्य का सूर्य सदा रहा निस्तेज

जन्म के साथ माँ ने मुंह से दूध छीन लिया

राधा माँ ने ममता से जीवन भर दिया

अदम्य तेज और शौर्य रहते हुए भी
रंगभूमि में गुरु द्रोण ने की उपेक्षा
जाति ज्ञात होते ही प्रिय होने पर भी
गुरु परशुराम ने श्राप की दे डाली भिक्षा ।
मैं राधा और अधिरथ का पुत्र
सूतपुत्र के नाम से जाना जाता था
सूतपुत्र' इस एक संबोधन ने
हीनता और कुंठा भर दी थी
हर बार मेरे आत्मविश्वास को
चोट पहुंचा घायल कर देती थी ।
जब दुर्योधन से सम्मान मिला तो
जीवन और भाग्य उसी को सौंप दिया
जीवन भर मित्रता निभाई ।
पर क्या यही मार्ग था सच्चा ?
धर्म- अधर्म सबमें साथ निभाया

क्यों दिल का बोझ बढ़ता गया ?

अंगराज और वीर योद्धा होने पर भी

द्रौपदी ने स्वयंवर में किया अपमान

मैं कुढ़कर रह गया था और यही कुढ़न

निकली उसके चीरहरण के समय

जो नहीं बोलना था वह बोल गया

सोचता हूँ तो खुद पर शर्म आती है |

पितामह ने भी कभी नहीं दिया सम्मान

महारथी था मैं पर अर्धरथी कह

सदा उन्होंने किया तिरस्कार

युद्ध में भी लड़ने से किया अस्वीकार

सब लड़ रहे थे पर मैं बैठा रहा बेकार |

ऐसे ही भाग्य द्वारा छला गया सदा मैं |

सूर्य पूजा के समय दान मेरा था नियम

इस नियम को लेकर भी सबने छला मुझे

देवराज इंद्र ने कवच कुंडल लिया छल से
माता कुंती ने ममता का मूल्य मांग लिया
मैं दानवीर कहलाया पर ठगा ही तो गया।
एक ने तन से तो दूसरे ने मन से तोड़ दिया।
युद्ध में भी गुरु के श्राप से
ब्रह्मास्त्र ने भी धोखा दे दिया
मेरे रथ का पहिया धंसा कीचड़ में
निहत्था जब ठीक करने झुका मैं
अनीति को उकसाया कृष्ण ने
अर्जुन ने बाण चलाया मुझ पर
आश्चर्य से मैंने देखा और कहा -
कृष्ण आपकी तरफ से ऐसा अधर्म !
तब कृष्ण ने जीवन का सार ,
जीवन का सत्य समझाया
अब अंत में समझ में आया

मानव धर्म केवल न्याय है

जैसा कर्म वैसा ही प्रतिफल होगा।

अब किसे दोष दूँ ?

भाग्य को, कर्म को या अपने अज्ञान को

जो हो चुका बदल नहीं सकता उसको

मैं तो धर्म, मित्रता और कर्तव्य

की जंजीरों में जकड़ा रहा

उसमें संतुलन बिठाते बिठाते

स्वयं असंतुलित हो बैठा।

खैर, अब पछताने से क्या लाभ ?

जब युद्ध हो चुका है विकराल।

इस धर्म और अधर्म के युद्ध में

सब हैं उलझे सही और गलत में।

पर मैं क्यों उलझूँ इस पाश में

जब देख रहा हूँ सबका नाश मैं।

अभिमन्यु :एक अधूरा स्वप्न

महाभारत का सबसे कम उम्र का योद्धा अभिमन्यु जिसने अपने बलिदान से इस युद्ध को एक नया मोड़ दिया |सोलह साल का किशोर अभिमन्यु महाभारत में चक्रव्यूह भेदने का एक योद्धा की तरह निर्णय करता है यह जानते हुए कि वह सिर्फ चक्रव्यूह को भेदना जानता है उससे बाहर निकलना नहीं | यह युद्ध उसके लिए आत्मघाती होगा फिर भी वह वीरता से लड़ा | उसके साथ अधर्म की लड़ाई लड़ी गयी लेकिन वह पीछे नहीं हटा और दृढ़ता से सामना करते हुए वीरगति को प्राप्त हुआ |

आज युद्ध का है तेरहवां दिन

प्रातः का भास्कर है कुछ उद्विग्न

पर मेरे मन में है नया उल्लास

कुछ कर गुजरने का उत्साह

आज मामाश्री और पिताश्री

नहीं रहेंगे युद्ध में उपस्थित

मुझे आज कुछ ऐसा जौहर दिखाना है

जिससे आनंद से भर उठे उनके चित्त

योद्धा का बाना पहन पहुंचा

माँ का लेने विजय आशीष

विजयी भवः ,शतायु भवः की

बौछार आशीषों की करती माँ

मेरी बलाएँ लेती बोल पड़ी-

‘क्यों रे ,आज तो बहुत रहा है चहक ’

‘हाँ माँ , बात ही कुछ ऐसी है

युद्ध से लौट कर बताऊंगा

देखना आप सबका सिर

गौरव से ऊंचा कर जाऊँगा ’

उत्तरा तिलक थाल लिए खड़ी थी

तिलक लगाकर उसने विदा किया

रणक्षेत्र पहुँच कर पाया सबको परेशान

अरि सैन्य- व्यूह आज था चक्रव्यूह

इसके भेदन का किसी को न था ज्ञान

पिताश्री जानते थे पर वे यहाँ न थे

माँ के गर्भ में मैंने सुना था आधा ज्ञान

चक्रव्यूह भेद कर अन्दर जा सकता था

पर बाहर निकलने के मार्ग से था अनजान

अर्जुन का पुत्र शौर्य था मेरा परिचय

रिपु ललकार सुन रोक न सका स्वयं को

सब रोकते रहे पर अधूरा ज्ञान लिए

चक्रव्यूह भेदन को निकल पड़ा मैं

अन्दर मेरे साथ कोई न आया था

चक्रव्यूह के बीच मैं खड़ा अकेला

चारों ओर था छल और हिंसा का मेला |

वार पर वार करते आगे बढा जा रहा था

लेकिन यह क्या अधर्म की चाल चली

चक्रव्यूह की सब दीवारें मुझे घेर गयीं

मेरी तलवारें चीखती रही पर

चक्रव्यूह तोड़ दिया पर

नियति मुंह फेर गयी।

सात महारथियों ने मुझे घेर लिया

मैं किशोर योद्धा कहाँ वे महारथी

रथ टूटा, निहत्था हो गया पर

मैं डटकर लड़ा अंतिम साँस तक।

इस छल की लड़ाई में धर्म भी पीछे रह गया

मेरे सपने मेरे विचार सब रण बीच टूट गए

माँ के आँचल के सपने रणभूमि में छूट गए|

'पुत्र, तुमने वीरता से धर्म की राह दिखाई है

इतिहास युगों तक तुम्हारी वीरता याद रखेगा

तेरा बलिदान अमर है तेरा संघर्ष जीवन का उत्तर है

अंतिम क्षणों में महारथी कर्ण के ये शब्द

आज भी कानों में गूँजते हैं और

मेरी वीरगति को सार्थक करते हैं।

फिर भी कुछ प्रश्न अनुत्तरित ही रह जाते हैं ,

क्या यही धर्म का खेल है जहां छल ही साथ है ?

जहां सत्य का राही हार का पात्र है?

क्या मेरा अधूरा ज्ञान तोड़ गया मेरा विश्वास ?

अभिमन्यु का तो अधूरा रह गया स्वप्न |

मेरी वेदना तो स्वयं में है एक शाश्वत प्रश्न |

उत्तरा की त्रासदी

वीर अभिमन्यु की पत्नी ,कुरुकुल की वधू और राजा विराट की पुत्री उत्तरा का जीवन त्रासदियों से भरा पड़ा है | उसे विवाह के कुछ समय पश्चात ही वैधव्य का सामना करना पड़ा जब वह गर्भवती थी |

फिर अश्वत्थामा का ब्रह्मास्त्र द्वारा उसके गर्भ पर प्रहार किये जाने के कारण मृत संतान के जन्म होने से उत्तरा के सामने बड़ी दुखदायी स्थिति उपस्थित हो जाती है | कुरुवंश के अंतिम वंशज को भगवान् कृष्ण द्वारा जीवन का वरदान मिलता है तब उत्तरा को जीने का उद्देश्य मिलता है | वे उस बालक का नाम रखते हैं परीक्षित जो आगे चलकर एक यशस्वी राजा बनता है |

अकेली नितांत खड़ी रणभूमि की छाया

जहां गूँज रहा मृत योद्धाओं का जयगान

रण क्षेत्र का हर एक कोना साक्षी था

जहां छल से लिए गए अभिमन्यु के प्राण |

मैं उत्तरा, वीर अभिमन्यु की विधवा

शून्य हो गए जीवन के सब आधार

आँखों में आंसू , ह्रदय में दुःख अपार

सूना है महल, सूना सारा घर- संसार |

कल की ही बात हो जैसे

साथ में सपने देखे थे कैसे- कैसे

पिता बनने की सूचना से कैसे उछल पड़े थे

उसके भविष्य के सपने संजोने लगे थे |

आर्यपुत्र, बिना आपके आपकी संतान को

क्या सही परवरिश दे पाऊँगी मैं ?

कहीं चूक तो नहीं जाऊँगी मैं ?

हिम्मत नहीं हारूँगी आपका मान रखूँगी मैं |

बड़ी कठिनाई से रक्षा हो सकी है

गर्भ में पल रहे इस बालक की

जब जन्म दिया मृत बालक को

खो ही बैठी थी आशा जीवन की

आचार्य द्रोण पुत्र अश्वत्थामा ब्रह्मास्त्र का

गर्भ में पल रहे बालक पर प्रहार कर

नाश ही कर चुके थे इस वंश का

भगवान् कृष्ण ने ही जीवन दान दिया|

कृष्ण की कृपा मिली विश्वास पाया मैंने

परीक्षित नाम दिया पुत्र को

दीर्घायु और यशस्वी होने

का भी वरदान दिया उन्होंने

पुत्र परीक्षित है इस वंश का प्रकाश

पांडव का गौरव जन- जन की आस

अकेली विधवा हूँ पर मन है अटल

धैर्य और दृढ़ता से पुत्र को बनाऊँगी सबल

है मार्ग कठिन पर संघर्ष करूंगी

परिवार और समाज के लिए

नया मार्ग प्रशस्त करूंगी |

मेरा पुत्र मेरी शक्ति बनेगा,

उसके लिए मैं कवच बनूँगी,

समय का हर प्रहार सहूँगी ,
पुत्र मेरा जलाएगा कुरुवंश की मशाल
जो करेगा धर्म और सत्य का संचार ।
उसके जीवन में छिपी रहेगी
मेरी त्याग और बलिदान की कहानी
जो बनेगी हर माता की प्रेरणा
और संतान के लिए बानगी ।

निवेदन

प्रिय पाठकों ,

यह मेरा दूसरा काव्य- संग्रह है | इस बार मैंने पौराणिक पात्रों को अपनी कविताओं का आधार बनाया है | अपनी तरफ से उन पात्रों के साथ , उनकी संवेदनाओं के साथ न्याय करने की पूरी कोशिश की है | आप कविताओं को पढ़ें और आनंद लें |

और हाँ, पढने के बाद अगर आपको ऐसा लगे कि संवेदनाओं को समझने में मुझसे कहीं चूक हो गयी है तो जरूर मेल कर बताएं | मेरा ईमेल है --

renuprasad361@gmail.com

कवितायें कैसी लगीं यह रिव्यू में जरूर लिखें |

मेरा अमेज़न पेज का लिंक नीचे है--

amazon.com/author/renuprasad

धन्यवाद |

www.ingramcontent.com/pod-product-compliance
Lightning Source LLC
LaVergne TN
LVHW090133160826
845673LV00017B/2455